Aude Raux et Marie-Noëlle Himbert
Illustrations de Jean-Jean Arnoux

RÉPARER NOS OBJETS ENSEMBLE

W0353341

JE PASSE À L'ACTE

ACTES SUD | KAIZEN

Vous trouverez plus d'informations sur les notions marquées d'un astérisque dans la rubrique "Pour en savoir plus", p. 61.

Série dirigée par Marie-Noëlle Himbert.

Conception graphique : Anne-Laure Exbrayat, studio graphique d'Actes Sud.

© Actes Sud | Kaizen, 2017
ISBN : 978-2-330-07243-8
www.actes-sud.fr

Depuis quelques années, on sent un frémissement : plus personne ne nie qu'il va falloir changer, beaucoup commencent à croire que cela est possible. Par une multitude de petites (r)évolutions dans notre quotidien, chacun de nous a le pouvoir de construire le monde de demain.
Le succès du film *Demain*, de Cyril Dion et Mélanie Laurent, et les initiatives citoyennes qu'il a suscitées confirment que nous sommes prêts à nous lancer. Oui, mais comment faire ?

C'est pour répondre à cette demande croissante d'outils pratiques pour oser passer à l'acte qu'est née cette collection. Elle s'adresse à tous : convaincus, hésitants ou sceptiques. Elle aborde tous les domaines de nos vies quotidiennes : consommation, alimentation, logement, transport, loisirs, éducation, etc. Avec un objectif : accompagner ce désir de changement, l'étayer ainsi que le motiver et l'aider à aboutir.

Forme d'expression pratique des valeurs défendues par la collection "Domaine du possible", "Je passe à l'acte" en est le prolongement logique, aujourd'hui indispensable.

SOMMAIRE

POURQUOI

Pourquoi réparer nos objets ? À cette première question, la réponse est bien simple : pour ne pas les jeter lorsqu'ils peuvent encore nous être utiles. Ce premier pas se fait presque naturellement, lorsqu'on rappelle quelques faits et chiffres, révélateurs d'étranges habitudes qui se sont inscrites si profondément dans notre société que nous ne les voyons plus.

Mais pourquoi le faire ensemble ? C'est dans la résolution de cette énigme que ce passage à l'acte devient émouvant car il est profondément humain.

Donner une seconde vie aux objets, changer le regard que l'on porte sur ce que l'on jette afin d'en (re)découvrir la valeur. Et, par ce cheminement, comme par enchantement, rencontrer des gens que l'on n'aurait jamais croisés ailleurs.

Ce petit mot, "réparer", contient beaucoup de choses : ne pas jeter, ne pas racheter. Deux actions qui ont des incidences : un coût, pour nos budgets et pour notre planète. Réparer, c'est donc protéger, préserver, prendre soin. On répare un objet, un oubli, on répare un outrage.

L'avantage, avec les objets, c'est que parfois il suffit de changer un joint, une courroie ou un fusible et c'est reparti pour quelques années. Pourtant, nous sommes nombreux à ne pas le faire. Pas encore, tout du moins. Pourquoi ?
Souvent parce que nous ne savons plus le faire nous-mêmes. Perte de l'habitude et de la connaissance qui nous permettrait, comme notre ancêtre *Homo habilis*, de nous servir habilement de nos mains : c'est comme si notre monde, dans son désir fébrile de consommation, nous avait amputés.

GÉNÉRATION KLEENEX

"J'ai 67 ans. Je fais partie d'une génération qui, élevée dans la pénurie de l'après-guerre, ne jetait rien. Puis les Trente Glorieuses sont passées par là. Avec ces années de prospérité économique se sont développés la consommation de masse et, de façon concomitante, le gaspillage. Le plastique a envahi notre quotidien avec ses produits prêts à jeter : stylos Bic, rasoirs, appareils photo, etc. Conséquence : les professionnels de la réparation se sont faits plus rares et on a perdu un certain savoir-faire."

Philippe Caner, cofondateur du Repair Café de Sophia-Antipolis[1]

1. Sauf mention contraire, les propos cités ont été recueillis par les auteurs.

ENVIE DE RÉPARER

"Les Français expriment un fort besoin d'information sur la réparation : près de 9 sur 10 aimeraient en savoir plus avec une attente particulière sur le coût, mais aussi pour réparer soi-même ou encore trouver les coordonnées de professionnels."
Depuis la crise économique de 2008, cette évolution des mentalités se lit dans l'évolution de notre tissu économique : "De 2007 à 2009, le nombre d'entreprises des secteurs de la réparation de biens d'équipement (électronique, électroménager, cordonnerie, horlogerie et bijouterie) est en baisse (de 1 à 10 %). À partir de 2009, on constate une inversion de tendance pour tous les secteurs d'activité de la réparation de biens d'équipement (augmentation de 2 à 17 %) excepté l'électronique (baisse de 3 %)."

Étude de l'ADEME, *Perceptions et pratiques des Français en matière de réparation des produits*, 2014.

Plus de 8 Français sur 10 considèrent la réparation comme un mode de consommation d'avenir[1].

Bonne nouvelle : le monde change, l'envie revient.

Cette nécessité économique qui nous invite à la réparation se heurte à des obstacles. Le prix de la restauration du petit électroménager étant souvent plus élevé que son achat neuf, le réflexe du "bon pour la casse" perdure pour tous ces objets de notre quotidien : sèche-cheveux, grille-pain, bouilloire, etc. Près de deux tiers des Français affirment qu'un coût moins élevé des réparations serait déterminant pour un changement d'attitude.

1. Étude de l'ADEME, *op. cit.*

Autre difficulté : le manque de visibilité des boutiques de proximité et, malgré la récente inversion de tendance, leur trop faible place dans notre paysage (artisan réparateur en électroménager, menuisier, cordonnier, couturière, etc.).

Près de la moitié du gros électroménager jeté fonctionne encore ou est réparable[2].

Récapitulons : nous sommes de plus en plus nombreux à souhaiter que nos objets soient réparés mais ne savons pas le faire nous-mêmes ; beaucoup d'entre eux sont, par ailleurs, "économiquement irréparables". Or, il y a urgence, car nous jetons de plus en plus. Et, nos objets étant parfois volontairement conçus pour ne pas durer, la situation pourrait bien ne pas s'arranger si personne n'y met du sien.

2. TNS Sofres pour le Groupement interprofessionnel des fabricants d'appareils d'équipement ménager (GIFAM), 2011.

Les Français jettent deux fois plus qu'il y a quarante ans[3].

L'OBSOLESCENCE PROGRAMMÉE*

Cette stratégie commerciale vise à réduire sciemment l'espérance de vie des objets, afin de pousser les consommateurs à acheter des produits neufs. Comment ? Impossibilité de réparer, incompatibilité avec les évolutions techniques (par exemple les logiciels sur les ordinateurs), défaut fonctionnel (une seule pièce tombe en panne et c'est l'appareil entier qui cesse de fonctionner), absence de pièces détachées de rechange, effet de mode, etc.
Depuis la loi sur la transition énergétique adoptée en 2015, l'obsolescence programmée est désormais une infraction, passible de deux ans d'emprisonnement et 300 000 euros d'amende. Reste à prouver que le fabricant est coupable d'avoir "délibérément cherché à réduire la durée de vie d'un produit pour en augmenter le taux de remplacement". Ce qui n'est pas gagné.

Alors, que pouvons-nous faire, nous, vous, toi, moi ? Prendre des cours de bricolage ? Intéressant, mais la marche est peut-être un peu haute pour beaucoup d'entre nous.

L'idée de génie est née il y a moins de dix ans, aux Pays-Bas : imaginer un événement, un lieu, où pourraient se rencontrer des bricoleurs expérimentés et des gens qui sont aussi désemparés face à une boîte à outils qu'une poule devant un cure-dent ! Restaurer, retaper, rénover, rapiécer... un grille-pain qui disjoncte, un téléphone portable muet, une chaise aux pieds branlants, un réveil qui fait la grasse matinée, un chemisier troué, un pneu de vélo crevé ou un train électrique qui déraille.

3. Étude de l'ADEME, *op. cit.*

Baptisé Repair Café (de *repair*, en anglais : “réparer”, “réparation”), décliné en une multitude de variations locales dans le monde entier (souvent francisé en “Répare Café” et parfois recentré sur une activité : “Répare Vélos” ou “Répare Couture”, par exemple), ce concept repose sur la gratuité. L’“économiquement irréparable” y est cordialement invité. Et, lorsque cela est techniquement possible, amicalement réparé par des magiciens de la bricole, généreux de surcroît. Sous nos yeux admiratifs – et parfois, même, un peu émus.

UN PIED DE NEZ À LA PRÉCARITÉ

Un grille-pain sous le bras, une grand-mère arrive au Repair Café de Paris, organisé, une fois par mois, au centre social Espace 19 Riquet (19e). Elle espère : "Pourvu qu'ils lui redonnent vie. Il est quasi neuf, mais plus sous garantie. Avec ma maigre pension de retraite, je n'ai pas les moyens d'en acheter un autre ou de le faire réparer chez un professionnel."
Autour de la table d'opération, un jeune bénévole démonte l'objet sous ses yeux ébahis, tout en lui expliquant l'origine de la panne. Avant de livrer son diagnostic, rassurant.
La dame applaudit son sauveur : "Vous êtes formidable. J'aurais dû apporter des tartines pour fêter ça !"

Conséquence numéro un de cette judicieuse mise en relation : nous ne jetons pas.
Or, jeter a un prix, évaluable. Selon une enquête, menée en 2015 par l'association de consommateurs UFC-Que choisir, le coût de la gestion des déchets des ménages français s'élevait à 6,5 milliards d'euros en 2012. Une facture qui a augmenté de près d'un quart en quatre ans.
Et jeter abîme notre environnement, par le recours aux matériaux fossiles, l'émission de gaz à effet de serre et le rejet de matières dangereuses, nécessaires au traitement du contenu débordant de nos poubelles et déchetteries.
C'est certain, le meilleur déchet est celui que l'on ne produit pas.

Conséquence numéro deux : nous ne rachetons pas un nouvel objet, ce qui permet logiquement d'économiser la quantité de matières premières et d'énergie qu'aurait nécessitée sa fabrication et de supprimer en amont les pollutions qu'elle aurait entraînées.
Notre planète est limitée et les ressources naturelles, tels les minerais précieux dont se composent les appareils électriques ou électroniques, s'épuisent. Or, le "sac à dos écologique" de nos biens de consommation pèse lourd. Cet indicateur quantifie, en masse, les ressources naturelles requises pour produire un objet.

Un téléphone mobile “pèse” ainsi 20 kilos de matières utilisées pour sa fabrication, et non pas seulement les 150 grammes qu’indique la balance.

En Europe, la production de 1 tonne de déchets municipaux équivaut à la consommation, en amont, de 100 tonnes de ressources[4].

Réparer, c’est donc faire un pas de côté par rapport à notre société de gaspillage et de surconsommation. Face aux obstacles qui s’opposent à ce désir croissant, s’organiser pour le faire ensemble est une solution qui nous amène tout naturellement à la conséquence numéro trois : nous avons tous à y gagner. Et bien plus encore que vous ne l’auriez imaginé.

VALEUR SENTIMENTALE

“Ma cafetière qui fuyait me faisait sauter les plombs. J’ai téléphoné au fabricant. Ils m’ont conseillé : « Achetez-en une autre, ça vous coûtera moins cher. » Moi, je ne voulais pas m’en séparer. Elle a une valeur sentimentale : ce sont mes enfants qui me l’ont offerte alors que je venais d’être licenciée. Un soir, je l’ai sortie du placard où elle était enfermée depuis cinq ans, car je venais d’entendre à la télévision qu’on pouvait faire réparer gratuitement des objets dans un « hypermarché ». J’ai appelé ma fille pour qu’elle fasse des recherches sur Internet. Là, elle me précise que j’ai mal entendu : ce n’était pas un hypermarché mais un Repair Café. La rigolade !
Tant que mon bricoleur n’avait pas trouvé l’origine de la panne, il continuait à chercher. Je l’ai quitté en lui disant : « Ce soir, je dégusterai un café en pensant à vous ! »”

Nadine, Repair Café de Paris

4. Eurostat, 2010.

Les Repair Cafés et tous leurs dérivés ne sont pas un service après-vente. Le visiteur assiste à la réparation. Il est parfois invité à donner un coup de main, ne serait-ce que tenir deux bouts de fil. Quant au bénévole, il a pour mission de faire preuve de pédagogie. C'est une école de la bricole où l'on croise des mamies couturières, des étudiants ingénieurs geeks ou des enfants accompagnés de leurs parents, venus faire réparer leur voiture télécommandée.

Un lieu où se rencontrent des gens venus d'horizons différents, qui ne se croiseraient nulle part ailleurs. Alors que la génération du tout-jetable ne sait plus manier un fer à souder, les anciens sont heureux de transmettre leurs savoir-faire pour qu'ils perdurent. Une belle façon de (re)valoriser le travail manuel si souvent dénigré en France.

BRIS-COLLER, BRIS-COLLEUR

"« Bris-coller », c'est rassembler des morceaux, que l'on remet ensemble. Quand on bricole, on rassemble des choses qui étaient éparses, pour en faire une autre. Mais on se rassemble aussi soi-même, puisqu'on rassemble sa tête et ses mains. Et on rassemble ceux qui vivent autour de nous et pour qui on a bricolé[1]."

Abdu Gnaba, sociologue et anthropologue, auteur de *Bricole-moi un mouton**, ouvrage pour lequel il a rencontré, avec son équipe de chercheurs, 750 bricoleurs de tous horizons.

1. Les citations d'Abdu Gnaba sont extraites de l'émission *Grand bien vous fasse !* (Ali Rebeihi, France Inter, 18 mai 2017*).

En ces temps de crise non seulement environnementale mais également financière et sociale, une telle initiative fait écho à la résilience. Cette nouvelle pratique du "réparer ensemble" propose un modèle alternatif où l'on gagne en autonomie et en découverte de l'autre : différent, aidant, complémentaire. Dans notre société malade de ses déchets, c'est un espace d'expérience qui apporte la preuve concrète et joyeuse qu'il est possible de faire autrement.

EN ROUTE POUR LA RÉSILIENCE

"Face au chaos, la société civile montre qu'il y a une autre façon de s'organiser. Tous ces prototypes, loin d'être dérisoires comme le pensent leurs détracteurs, sont des outils de résilience. Au pied du mur, la société saura vers quoi se tourner."

Patrick Viveret, économiste et philosophe

S'ENTOURER

Le Repair Café est aujourd'hui un terme qui englobe plusieurs réalités : espace où l'on peut se retrouver, réseau auquel on peut adhérer, concept dont on peut s'inspirer. Quelle que soit la forme qu'il prendra, il ne se conçoit qu'ensemble, réunis autour d'un objectif commun, réparer.
Ensemble et nécessairement différents, dans nos savoirs, dans notre histoire.
Cette trop rare mixité est un préalable à sa création : car il s'agit de rassembler des personnes compétentes et motivées, quels que soient leurs talents. Elle sera tout aussi précieuse au moment de l'ouverture de votre café de la bricole : les rencontres d'univers tenus éloignés par notre société donneront tout son charme, et une grande partie de son sens, à cette journée.

L'idée de créer des ateliers de réparation, gratuits et ouverts à tous, vient d'une journaliste et militante écologiste néerlandaise. Chaque semaine, lors de la collecte municipale des déchets destinés au recyclage, Martine Postma observait avec honte les piles d'objets qui allaient finir à la poubelle. À ses yeux, ce n'étaient pas des déchets, mais des biens dont la valeur était ignorée.

DONNER ENVIE

"Les gens pensent souvent que le bricolage, c'est ennuyeux, sale, bruyant... J'ai choisi d'intituler ce concept « Repair Café » car je voulais donner l'envie d'y aller. Réparer peut être amusant et convivial quand vous le faites à plusieurs dans un cadre agréable, tout en buvant une tasse de café et en discutant."

Martine Postma,
fondatrice des Repair Cafés

C'est ainsi qu'en 2009, dans le hall d'un théâtre d'Amsterdam, la militante met en relation des passionnés de bricolage désireux de partager leurs savoir-faire avec des personnes souhaitant réparer leurs objets en panne.

LE JOUR J

"L'ambiance était incroyable. Environ quatre-vingts visiteurs portant toutes sortes d'objets cassés se sont déplacés. Où que vous regardiez, il y avait une scène à observer : des bricoleurs en train de réparer, des gens qui faisaient connaissance, d'autres qui échangeaient des conseils de bricolage, d'autres encore qui donnaient spontanément un coup de main. C'était tellement inspirant.
Les gens venaient me voir pour me confier que cela faisait longtemps qu'ils attendaient un événement de ce genre. Et combien ils détestaient jeter leurs affaires cassées. Mais, dans la grande majorité des cas, ils ne savaient tout simplement pas comment faire autrement. Ils étaient tellement heureux de venir là qu'ils m'ont dit vouloir revenir la semaine ou le mois prochains.
J'ai alors eu la conviction que cela ne pouvait pas être un rendez-vous unique : il fallait proposer des Repair Cafés de façon permanente et essaimer le concept aussi largement que possible."

Martine Postma

En 2010, Martine Postma dépose la marque et crée la Fondation Repair Café. Son objectif : obtenir des subventions et accompagner les porteurs de projet. En une poignée d'années, son idée s'est répandue comme une lame de fond dans le monde entier, contribuant à faire évoluer nos perceptions et nos comportements, et proposant une solution pratique.

En France, le 6 avril 2013, lors de la Semaine du développement durable*, les trois premiers Repair Cafés sont officiellement lancés à Vauréal (Val-d'Oise), Paris et Nice.

Plus de 1 252 Repair Cafés existent déjà dans 33 pays, dont 149 en France[5].

Aujourd'hui, le site Internet de la Fondation* est devenu un repère et un lieu de rendez-vous pour des personnes de tous horizons. Accessible en cinq langues (français, anglais, espagnol, allemand et, bien sûr, néerlandais), il recense les Repair Cafés affiliés, ce qui permet d'identifier la structure la plus proche de chez soi et les dates des prochains rendez-vous.
Les donateurs peuvent y passer à l'action. Quant à ceux qui souhaitent s'engager dans l'aventure d'une création, ils y trouvent toutes les informations actualisées sur le réseau et peuvent y télécharger, moyennant le versement de 49 euros pour ceux qui l'acceptent, un très complet et précis kit de démarrage*.

LE KIT DE LA FONDATION

En amorce de ce document : un bref historique du premier Repair Café, un rappel des missions de la Fondation et une présentation des nombreux enjeux de cette initiative.
Est ensuite développée une feuille de route (avec rétroplanning extrêmement précis) pour vous aider, point par point, à transposer le concept, tout en vous invitant à tenir compte des particularités locales. Parmi les étapes sont ainsi détaillées : la recherche d'un lieu adéquat, le regroupement des outils et du matériel, la quête des bricoleurs pour réparer les objets et des autres bénévoles nécessaires pour organiser et animer l'événement.
Derniers points abordés dans ce guide : des outils pour assurer la continuité du projet, ainsi que les questions légales et de sécurité. Soit près de 30 pages de conseils précis, fruits d'une expérience acquise depuis 2009 et d'un souhait d'extension du réseau.

5. repaircafe.org. Chiffres de juillet 2016.

Outre l'accès à ces conseils pratiques, ce lien avec la Fondation facilite la vie d'une structure : gage de visibilité tout au long de son existence, il permet de bénéficier d'une publicité spécifique lors de son lancement, par le biais de ses propres réseaux d'information.

À ce soutien, plusieurs conditions : utiliser le nom, le logo et la devise Repair Café : "Jeter ? Pas question !" Et renvoyer au site les personnes qui seraient intéressées ou auraient des questions plus précises à poser.
Derrière ces conditions, une intention : rassembler, pour peser, au niveau international.

LA FORCE DU RÉSEAU

"Ensemble, nous sommes plus forts, souligne Stéphane Gauchon, chargé de mission au Repair Café de Paris. Plus nous compterons de membres dans le réseau, plus nous aurons du poids pour faire du lobbying au niveau international, afin de lutter contre l'obsolescence programmée en faisant avancer la législation et en sensibilisant le grand public. Grâce à l'effet d'appartenance à un réseau à l'échelle mondiale, le Repair Café devient une petite action locale avec un impact global."

Parmi les outils qui concourent à ce que soit entendue cette voix alternative, la balance.
Tous les objets réparés dans le réseau des Repair Cafés sont en effet pesés, et leur poids traduit en émissions de dioxyde de carbone (CO_2) évitées – le CO_2 étant l'un des principaux gaz à effet de serre responsables du dérèglement climatique. Pour ce calcul, la Fondation précise sur son site qu'elle utilise les données de l'Organisation néerlandaise pour la recherche appliquée (TNO).
Chaque objet, chaque geste, où qu'il ait pris sa source dans le monde, vient ainsi s'additionner dans un résultat global : la multitude de petits ruisseaux fait une grande rivière.

200 tonnes d'objets ont été réparés en un an dans les Repair Cafés du monde entier, évitant l'émission de 200 tonnes de CO_2[6].

Jolie illustration de cette communauté planétaire : en septembre 2015, un bénévole bricoleur du Repair Café de Palo Alto (Californie), découvrant lors de son séjour à Paris qu'un Repair Café est organisé au Village des alternatives d'Alternatiba sur la place de la République, est venu rejoindre les bricoleurs français pour donner un coup de main.

"J'ai choisi un nom anglais pour que le concept s'exporte facilement à l'international. Mais j'étais loin d'imaginer qu'il remporterait un tel succès."

Martine Postma

Rançon de son succès, le concept a tellement fait mouche qu'il a fini par s'échapper, pour s'en aller voler, par-ci par-là, de ses propres ailes. Tout comme notre bon vieux frigidaire, marque déposée en 1922 par General Motors, qui finit par entrer dans notre dictionnaire, les Repair Cafés sont en voie de passer dans le langage commun : le Repair Café n'est plus seulement une marque mais un mouvement de pensée et un moyen d'action.

6. Fondation Repair Café, chiffres pour l'année 2015.

Répare Café, L'Heureux Cyclage* : ces joyeux bistrots de la bricole prennent parfois, chez les irréductibles Gaulois adeptes du calembour et de la liberté, des consonances originales et des chemins de traverse. Indépendants, ils mènent leur propre barque, dans les eaux tumultueuses de notre société de consommation, à contre-courant du tout-jetable.

AUTONOMIE RAMBOLITAINE

À Rambouillet, le tissu associatif est si développé que la naissance du Répare Café s'est imposée naturellement.
Au commencement, il y avait la Fabric des Colibris, lieu de partage et de rencontre d'initiatives citoyennes : un mouvement créé sous l'impulsion de Pierre Rabhi.
Et il y avait un Sel (système d'échange local), basé à Émancé, baptisé "ÉmanSel" (on y échange une heure reçue contre une heure donnée : jardinage, covoiturage, couture ou bricolage, par exemple).
Laquelle de ces associations a eu l'idée ? On ne sait plus très bien, seulement que le principe d'un atelier gratuit de réparation correspondait à leurs valeurs communes et qu'il suffisait d'essayer.

"Nous avons commencé tout petit, se rappelle Isabelle Guérin : un test, chez un particulier, avec un seul réparateur, qui était membre du Sel et partant pour l'aventure. Nous n'avions rien alors, et nous avons choisi de ne pas adhérer au réseau des Repair Cafés : pour des raisons financières et pour rester libres de nos actions."

L'union locale faisant aussi la force, un troisième groupe, Rambouillet en transition, se joignit au mouvement, et lança en parallèle un atelier vélos, Cycle et Recycle, dans le garage d'un particulier.

Tous ensemble, aujourd'hui, ils animent un Répare Café chaque mois, sans compter leurs nombreux dérivés, rançon de leur propre succès : Répare Vélos, Cafés Couture, Cafés Tricot.

Vous l'avez compris, pas la peine d'être MacGyver pour monter un atelier. Lorsqu'on n'a pas les dons de cet agent secret capable de réparer un camion avec le ressort d'un stylo, on peut tout de même passer à l'acte : devenir bénévole, chercher des bricoleurs, des fonds, un local et tant d'autres choses qui seront utiles, à un moment ou à un autre de l'aventure. Nous avons tous des talents qui ne demandent qu'à être partagés.
On frappe à toutes les portes : celles de nos amis, des membres de notre famille, de nos connaissances, jusqu'à celles de parfaits inconnus. L'objectif est de fédérer les gens autour d'un projet qui fait écho en eux. Que ce soit la passion pour le bricolage, le désir de partager un savoir-faire, le besoin d'être utile.

Le premier bénévole auquel Martine Postma a pensé, par exemple, est le mari d'une de ses meilleures amies : un homme capable de tout réparer et qui passe son temps à bricoler à la maison. Après avoir demandé à ses autres amis, elle a fait le tour de ses voisins. Parmi eux, il y avait des charpentiers professionnels exerçant dans le quartier, qui sont venus avec des collègues. Et c'est ainsi que le cercle s'est élargi.

On peut aussi, comme à Rambouillet, prospecter du côté d'associations existantes et s'appuyer sur elles pour créer l'événement. Seule condition, le fait de réparer des objets afin de réduire les déchets, même si ces enjeux nous concernent tous, doit être en cohérence légale avec leur projet : c'est-à-dire avec leur objet, tel qu'il est défini dans les statuts de l'association publiés au *Journal officiel*.

Pour entrer en relation avec des inconnus, solliciter les structures locales peut aussi s'avérer fructueux : la Chambre de métiers et de l'artisanat ; les clubs d'informatique, de menuiserie ou autre ; les groupes de retraités ; les dépôts-ventes, recycleries, *fab labs*, magasins sans argent ; ou encore les écoles d'ingénieurs et les établissements d'enseignement professionnel, en proposant d'envisager des stages pour leurs élèves, en complément pratique à leur formation.
Sans oublier les réseaux sociaux de voisinage (Peuplade, Mon P'tit Voisinage, etc.) et les plateformes de réseautage (Meetup).

LES NOUVEAUX MOTS

Les magasins sans argent sont des boutiques dans lesquelles quiconque peut prendre un ou plusieurs objets gratuitement. Comme leur nom l'indique, il n'y a pas d'échange d'argent. Ni de troc.

Les recycleries (ou ressourceries) ont pour vocation de collecter des objets dont leurs propriétaires veulent se débarrasser. Lorsqu'ils sont abîmés, ces biens sont réparés pour être revendus. Quand la remise en état est impossible, les matériaux sont récupérés et orientés vers les circuits du recyclage.

Les *fab labs* (contraction de *fabrication laboratories*) sont des laboratoires de fabrication ouverts au public. Des machines à commande numérique comme des imprimantes 3D sont mises à disposition pour prototyper et tester des projets.

Dernière piste, à ne surtout pas négliger, pour renforcer son réseau et tenter d'obtenir des soutiens logistiques ou financiers : la mairie, *via* l'élu en charge du traitement des déchets, de la vie associative ou de l'économie sociale et solidaire et/ou par un contact direct avec le maire.
Reste à trouver les bons arguments.

En voici un auquel votre interlocuteur prêtera une oreille attentive, car d'ordre financier. La fin de vie d'un produit comprend la collecte, l'acheminement, le recyclage et l'élimination, l'incinération ou l'enfouissement des déchets dans des centres spécialisés : toute une chaîne qui représente un coût très lourd pour les collectivités territoriales. En limitant les déchets, les ateliers de réparation devraient donc logiquement les aider à faire des économies.

“Devraient”, car la réalité de notre vie politique est souvent un peu plus subtile. Lorsqu'un beau grand incinérateur, par exemple, vient d'être construit, avec force investissements et subventions, il faut l'alimenter pour le rentabiliser. Nourrir la bête de déchets.

Si le maire fait le sourd, il n'est alors pas inutile de lui rappeler, bien gentiment mais bien fort, qu'il n'a pas le choix : la limitation des déchets est une obligation que lui impose la loi.

UN ENJEU DÉMOCRATIQUE

Depuis 2014, les collectivités territoriales sont chargées de décliner localement le Plan national de prévention des déchets (2014-2020). Ce programme s'articule autour de treize axes, dont celui d'augmenter la durée de vie des produits et de lutter contre l'obsolescence programmée. Dans ce cadre, il leur revient de mobiliser tous les acteurs de leur territoire pour diminuer les déchets.
Les lieux de réparation gratuits et ouverts à tous sont donc une expression pratique de l'application de la loi au niveau local.

Les bénévoles poursuivent ici les mêmes buts que ceux qui animent une équipe municipale : non seulement réduire les tonnages de déchets, mais aussi sensibiliser les habitants à un mode de consommation durable. Sans oublier le fait que ces lieux sont de formidables outils de cohésion sociale : s'y rencontrent des personnes de tous âges, milieux sociaux et culturels confondus.

UNE MAGNIFIQUE RÉCOMPENSE

“Ma motivation ? C’est ma passion pour le bricolage.
Maintenant que je suis à la retraite, j’ai encore plus de temps pour pratiquer ce que j’ai toujours considéré comme un loisir. C’est une magnifique récompense quand on réussit à réparer quelque chose : voir le bonheur de ceux qui repartent avec les objets auxquels ils tiennent tant et en ayant fait des économies.”

Jean-Claude Martin, bricoleur bénévole au Repair Café de Vauréal

En 2015, le Repair Café de Paris a permis d’éviter 1 tonne de déchets[7].

DES BÉNÉVOLES “COUTEAU SUISSE”

Dans l’idéal, compter au moins six bricoleurs pour un atelier. Tel un couteau suisse, à chacun sa spécialité : couture, électronique, vélo, menuiserie et appareils électriques (deux personnes à ce poste ne seront pas de trop).

On peut se lancer avec moins. Un ou deux bricoleurs convaincus sauront transmettre leur passion, au point que des visiteurs se découvriront l’envie de devenir “répar’acteurs”.

“Le meilleur endroit pour recruter des bricoleurs bénévoles, c’est lors d’un Repair Café, témoigne Stéphane Gauchon. À la casse, l’image du bricoleur seul dans son garage ! Face au public, ils s’épatent mutuellement. On sent l’émulation entre eux.”

7. Source : fondation Repair Café.

"Le succès des Repair Cafés ?
On est dans le concret,
pas dans le blabla."

Thibault Lescuyer, cofondateur
et administrateur du Repair Café de Paris

S'ÉQUIPER

Qui dit réparation dit outils, tables, rallonges, éclairages, prises électriques… Et une grande salle pour abriter tout cela ; ainsi que les bricoleurs et les visiteurs ; leurs objets, plus ou moins imposants ; leurs enfants, plus ou moins excités – qui les accompagneront car on sera samedi et l'ambiance est sympa ; les bénévoles, qui les accueilleront, les orienteront et les informeront. Et la machine à café : symbole désormais indissociable du concept, que l'on soit officiellement ou non estampillé Repair Café.

À première vue, ça a l'air impressionnant. Mais, vous allez voir, avec un peu de bonne volonté, on finit par y arriver.

Comment ont-ils fait, à Rambouillet ? La dernière fois, nous les avions laissés chez un particulier, avec un seul bricoleur, et des vélos dans un garage. Il est clair que cela n'a pas pu durer bien longtemps.
Eh bien, ils se sont débrouillés. L'idée d'un partenariat avec la MJC (Maison des jeunes et de la culture) est arrivée très vite. Celle-ci leur a tout d'abord proposé les locaux de l'ancien temple, dont elle avait la gestion.
Lorsque ce lieu est devenu à son tour trop petit pour accueillir les rencontres qui attiraient de plus en plus de particuliers et de bricoleurs, ils se sont installés dans la salle de spectacle de L'Usine à chapeaux, siège de la MJC.

Une itinérance par laquelle débutent beaucoup de ces ateliers, avant de dénicher le lieu fixe tant convoité. Un nomadisme qui impose de stocker et déménager, pour chaque rencontre, une partie du matériel.
Et l'on voit, un samedi par mois, passer Isabelle et tant d'autres, dans leurs petites voitures bourrées à craquer, par les rues de Rambouillet. Oui, pour certains d'entre nous, les objets réparés ont une grande valeur.

Alors, on peut rêver de gagner au loto, d'investir dans l'une de ces boutiques qui ferment l'une après l'autre dans le centre-ville de communes de France pour leur offrir, à elles aussi, une seconde vie...
Ou, lorsqu'on dispose d'un bien immobilier (que l'on soit un particulier ou une collectivité), agir.

En attendant, ceux qui ont investi dans le kit de la Fondation y puiseront des pistes instructives et une source d'inspiration.
Tous prendront rendez-vous avec leur maire, armés de leurs arguments en béton : avec un peu de chance (et beaucoup de conviction), ils obtiendront un local municipal.
Certains, comme le Repair Café de Paris, trouveront leur bonheur à la régie de quartier, d'autres au centre social ou au centre d'animation. Leurs responsables peuvent être demandeurs de telles rencontres, créatrices de mobilisation citoyenne et liées à l'éducation populaire, comme indiqué dans leur cahier des charges.

Café, salle des fêtes, foyer, recyclerie, *fab lab*, établissement scolaire ou même – aux beaux jours – site en plein air : rien ne se trouve en claquant des doigts, mais tout est possible.

La proximité d'un lieu de réparation est une incitation à faire réparer ses objets pour 56 % des Français[8].

Une fois la salle trouvée (pas trop près d'une couturière, d'un menuisier ou d'un réparateur de cycles, pour ne pas leur faire une concurrence déloyale et inappropriée), reste à l'aménager.
Le porteur d'un projet de Repair Café trouvera, dans le kit, une cascade d'idées déco éprouvées, ainsi que de nombreux documents qu'il pourra imprimer, comme le règlement intérieur, les formulaires d'inscription et d'évaluation, ou encore des affiches.
Les autres devront imaginer et dessiner, concevoir leur propre identité visuelle et la réaliser. À Rambouillet, une jeune graphiste l'a fait bénévolement : sa manière à elle de passer à l'acte.

8. Étude OpinionWay, *Les Français et la Réparation des objets*, 2016.

Visitons maintenant ces ateliers, afin d'observer comment ils se déroulent, pour mieux se préparer.

À l'entrée, quelqu'un vous accueille : prévoir donc au moins une personne à ce poste, plusieurs en cas d'affluence (jokers bénévoles bienvenus pour faire face à l'imprévu). Une table suffit (dans la version modeste et transportable, un plateau sur tréteaux) ; une chaise ou deux, pour démarrer. Sur la table, des formulaires.
On vous invite à y inscrire (lisiblement, s'il vous plaît) vos nom et coordonnées, afin de pouvoir vous tenir informé(e) des prochains rendez-vous : prévoir quelqu'un pour prendre en main ce suivi-là. Vous y notez aussi l'objet défectueux que vous avez apporté et la nature de la panne (il arrive que les formulations soient amusantes). Lorsqu'il y a une balance (y penser), l'objet est alors pesé et son poids scrupuleusement noté. Tout ce protocole, cette attention soudaine lui redonnent déjà de l'éclat.

Petit rappel des consignes de sécurité, idéalement inscrites noir sur blanc au dos du formulaire (parachevées par la formule d'usage "Ni les organisateurs ni les réparateurs ne peuvent être tenus responsables de dommages éventuels"). Vous voici prêts à parer à toute éventualité.

ASSURER QUI, ASSURER QUOI ?

Membres de l'association, bénévoles et visiteurs : ce sont d'abord les personnes qu'il convient de protéger.
L'assurance responsabilité civile contractée par l'association organisatrice de l'événement couvrira les éventuels dommages corporels dont celle-ci pourrait être responsable (une chute due à un câble qui traîne, par exemple).

Pour les locaux, la question requiert plus d'attention.
Les rares associations qui possèdent ou louent leur local devront contracter, comme tout propriétaire ou locataire, une assurance qui couvrira les murs (contre les risques d'incendie, par exemple).
Mais, la plupart du temps, elles sont occupantes ou locataires à titre gratuit. Tout dépendra alors de la convention passée avec le propriétaire (une mairie, souvent). Si ce texte exonère l'association des risques locatifs, c'est alors l'assurance du propriétaire qui les couvrira.

"Il est important de prévoir cette clause dans la convention, précise Emmanuel Talbot, animateur marché des institutionnels au sein de la direction commerciale du Crédit mutuel d'Eure-et-Loir. Il n'est en effet pas exceptionnel qu'un manque de clarté mette les associations dans des situations délicates."

Parmi les soutiens qu'elle apporte aux membres de son réseau, la Fondation Repair Café propose désormais un contrat adapté.
En France, le nombre croissant d'associations a entraîné le développement d'une offre spécifique : trois compagnies d'assurances (MAIF, AME, AXA) et une bancassurance (le Crédit mutuel, qui a des conseillers spécialisés dans ce domaine) sont particulièrement implantées sur ce marché.

Le moment est venu de vous orienter. Soit vers le réparateur compétent dans votre cas, s'il est disponible. Soit vers le bar, s'il ne l'est pas.

Authentique comptoir dans d'heureux locaux ou petit coin tranquille douillettement aménagé (table, chaises ou – mieux – fauteuils, cafetière, etc.), cet espace d'attente est la vraie bonne idée de Martine Postma. On y papote, on y fait connaissance, on y déguste un thé, un jus ou un café et, si l'on a de la chance, le cake qu'une mamie couturière prépare chaque fois pour sa communauté.
Ce bar, ce "café" donne à l'atelier toute son identité, et à cette démarche du "réparer ensemble" son sens. Il faut l'avoir fréquenté une fois pour saisir ce que Martine Postma entend par "convivialité". Le bar, essentiel, donc : prévoir boissons, froides et chaudes, de bonnes choses à grignoter. Et une personne pour les proposer.

Mais il faut s'arracher à ce charmant espace : déjà, on vous appelle. Le spécialiste va vous recevoir.

Se frayer un chemin, parmi les groupes hétéroclites, agglutinés aux tables d'opération ; avancer comme on peut, le cou étiré, grandi, pour ne pas perdre de vue son objectif – le seul qui compte désormais : "son" réparateur.
Nous sommes loin de l'image d'Épinal du Repair Café idéal (sol propre et dégagé, espaces de bricolage rangés et distincts) : chez les Rambolitains, ça vit, ça se bouscule (on manque de place, trop d'affluence, trop de bénévoles, trop de succès) ; ça chante aussi, parfois. Les couturières trônent sur la scène du théâtre (honneur aux dames), tous les autres, dans la fosse, s'entassent ; on s'amuse.

TROP PEU DE PLACE POUR TANT DE RÊVES

"Après deux ans d'activité, nous pouvons maintenant compter pour nos Répare Cafés sur quarante bricoleurs réguliers et seize couturières : notre local est devenu trop petit. Comme celles-ci étaient très nombreuses, nous avons développé des Cafés Couture, qui se déplacent chez des particuliers ou au groupe d'entraide mutuelle (GEM) La Tortue qui trotte : un lieu d'accueil pour des personnes en situation de fragilité ou de handicap psychique souhaitant sortir de l'isolement. Les couturières réparent des vêtements avec elles mais surtout leur apprennent à coudre, à la main et à la machine. Et c'est le même principe pour les Cafés Tricot que l'on a mis en route."

Alain Poulet, coordinateur de la Fabric des Colibris, Répare Café de Rambouillet

"Quand on bricole, on est magicien : on réanime des choses."

Abdu Gnaba

DU LIEN, DU LIEN

"Cette année, pour les fêtes, nous avons organisé une journée « Alter Noël ». Un ami musicien a créé une chanson spécialement pour l'occasion. Elle n'a pas eu le succès que l'on attendait. Mais une jeune prof de SVT lui a demandé si elle pouvait l'utiliser pour l'apprendre à ses élèves."

Isabelle Guérin,
Répare Café de Rambouillet

Nous voici donc maintenant dans l'espace bricolage. Prévoir (idéalement) un plan de travail d'au moins 1 mètre carré pour chaque poste de travail (table ou tréteaux). Autour, tenter de placer quelques chaises pour les visiteurs. Punaiser (s'il y a la place et beaucoup de bricoleurs) une signalétique au-dessus de chaque stand : "Appareils électriques", "Couture", "Électronique", etc. La Fondation Repair Café, qui pense à tout, propose, toujours dans son kit, des écriteaux prêts à imprimer pour ceux qui n'ont pas de graphistes dans leur entourage.

Les experts en réparation ont besoin d'espace pour étaler les outils qu'ils auront apportés ou qu'ils emprunteront. S'il est vrai que, pour un bricoleur passionné, "un outil, c'est comme une brosse à dents, cela ne s'échange pas", il sera pourtant nécessaire d'équiper l'atelier avec quelques outils essentiels, notamment pour la fascinante "table d'autoréparation".

DIY VERSUS DIWO

Pour les visiteurs les plus débrouillards, une sélection d'outils est mise à disposition sur la "table d'autoréparation" du Repair Café de Paris. Là, ils se retrouvent pour s'entraider à réparer l'objet en rade qu'ils ont apporté et échanger des conseils.

"Ça fait du bien de sortir de derrière son établi, s'exclame l'un d'eux. On n'est plus dans le DIY mais le DIWO. – Hein ?" demande un autre. "On passe du *Do It Yourself* au *Do It With Others*", lui précise le premier en haussant le volume.
Réponse : "Suis pas dur de la feuille, mais je ne parle pas anglais. Tu pourrais traduire ? – On ne fait plus seul, mais ensemble, quoi !"

Grâce à cette intelligence collective, ils parviendront à redonner voix à un poste de radio muet depuis trois ans.

Une astuce, afin de ne pas dépenser l'argent que l'on n'a pas : nouer un partenariat avec un magasin de bricolage, une quincaillerie, une boutique de machines à coudre, une mercerie ou encore un magasin de cycles.

Un conseil, valable pour tout le reste : faire fonctionner le système D. On emprunte tous les objets dont on a besoin chez soi, à sa famille et aux amis, on cuisine des gâteaux et on achète les boissons, avant de se faire rembourser sur les éventuelles petites sommes d'argent récoltées lors des premiers ateliers.

Car, ça y est, la délicate opération est terminée : notre visiteur repart, son précieux objet dans les bras. Réparé ou non ? S'il l'est, son poids sera fièrement ajouté au tableau de chasse de l'atelier. Sinon, on demandera au visiteur d'en préciser la raison sur son formulaire. Dans les deux cas, rien n'empêche de laisser quelques pièces, juste pour dire merci – c'est grâce à elles que l'atelier pourra continuer –, ou de faire un don plus conséquent, lorsqu'on est convaincu, ou encore d'adhérer à l'association si elle nous a charmé(e).

BOÎTE À MERCIS

Dans le vocabulaire et la pratique Repair Café, la tirelire-cochon ou la boîte à chaussures fendue dans sa longueur s'appelle "boîte à mercis". Elle trône à la sortie, aux côtés des formulaires d'évaluation. Et permet de renouveler les stocks : outils, gâteaux, boissons. "Je voulais mettre 10 euros dans la boîte à mercis. La dame m'a dit que c'était trop. J'ai quand même mis 10 euros. Je pense que toute peine mérite salaire."

Nadine, visiteuse au Repair Café de Paris

Un autre moyen, moins direct mais plus rentable, de récolter des fonds pour assurer le fonctionnement de l'atelier consiste à obtenir des subventions auprès des collectivités territoriales. Pour les dons comme pour les subventions, la constitution en association est obligatoire.

LU DANS LE LIVRE D'OR DU REPAIR CAFÉ DE PARIS

"Il paraît que Repair Café va être racheté par Darty ?... Non, je rigole ! Trop bien l'économie sociale, gratuite et joyeuse ! Vive le Repair Café !"

"Je viens de la Guadeloupe et j'ai attendu de venir sur Paris pour vous rencontrer.
J'aime votre concept. Il est très original et innovant. Je souhaiterais faire la même chose en Guadeloupe."

Le livre d'or, préconisé par le réseau, est la touche finale d'un concept bien pensé et solidement éprouvé – et la dernière chose que gardent en mémoire les visiteurs sur le départ. Hors des sentiers battus du formulaire d'évaluation, il leur laisse l'entière liberté de s'exprimer, sur un autre registre, plus affectif.

Ces mots sont un encouragement permanent pour les bénévoles. Et ils peuvent devenir une arme pour l'obtention d'une salle pérenne ou d'une aide financière. Les remarques consignées y sont presque toujours enthousiastes.

LE BILAN D'UNE ANNÉE

Au Repair Café de Paris, au cours des vingt-quatre rendez-vous organisés tout au long de l'année 2016, 54 % des objets apportés par le public ont été réparés. Soit plus de 995 objets, pour un poids total de 3 tonnes.
Sans l'investissement des bénévoles, environ la moitié de ces produits auraient fini à la poubelle.

Dans le Répare Café de Rambouillet, il est encore trop tôt pour faire un bilan. On ne possède une balance que depuis quelques mois, et personne n'a pris le temps de faire les additions.
Entre la quête d'un nouveau local, plus grand et – espérons-le – permanent, pour accueillir les visiteurs dans de meilleures conditions, le projet de se délocaliser vers les quartiers afin de toucher d'autres populations que celles du centre-ville, et le désir de répondre aux dernières demandes (des Cafés "spécial jeunes" et une *install party*, ces rencontres où des geeks installent sur nos ordinateurs des logiciels libres), aucun de ces joyeux rêveurs hyperactifs ne s'en est encore préoccupé. Question de priorité.

Même si leurs humbles chiffres ne nourrissent pas le flot officiel des objets réparés et des émissions de CO_2 évitées dans le monde entier, le jour viendra où ils pèseront, à leur mesure et à leur place, dans leur localité.

"Agis en ton lieu, pense avec le monde."

Édouard Glissant, poète antillais

SE LANCER

Tout est prêt : les bricoleurs et les autres bénévoles, la salle, les tables, les chaises, les outils, les formulaires, le livre d'or, le café. Et la balance. Reste à faire venir les visiteurs.

Ce n'est pas un détail : si personne ne se déplace pour faire réparer ses affaires, l'atelier n'a plus de raison d'être. Alors, vous allez vous présenter sous votre meilleur jour.

À une première garde, d'abord : les amis, qui peuvent faire l'effort de venir vous soutenir dans l'événement auquel vous avez consacré du temps, de l'énergie, de l'enthousiasme.

Et puis, les amis des amis étant nos amis… ça va vite, finalement. Surtout lorsque l'on rame, à contre-courant certes, mais dans le sens de l'histoire.

Charmeurs, le gaulois bistrot bricolo, le cosmopolite Repair Café, le moins clinquant mais non moins sensé Café Tricot ? À chacun son style et à chacun ses atouts. L'important est que le vôtre, celui que tout un groupe porte à bout de bras depuis des semaines, vous corresponde.

ET LE GAGNANT EST…

Les objets le plus souvent réparés dans ces ateliers sont les appareils électroménagers, les chaînes hi-fi et lecteurs DVD. Cela peut vous aider de le savoir pour l'anticiper : en adaptant l'éventail de bricoleurs à cette probable attente de vos visiteurs, vous serez mieux armés.

Activation des réseaux sociaux, mise en place d'un blog ou d'une page Facebook, diffusion de communiqués de presse, tractage et affichage, présence sur des manifestations précédant l'événement, animation de rencontres... les moyens de toucher le public sont toujours les mêmes.

Ils seront d'autant plus efficaces qu'ils seront ciblés : dans un premier temps, mieux vaut tracter dans un lieu moins fréquenté qu'une grande surface, par exemple, mais qui concentrera plus de gens potentiellement motivés par votre démarche.
Car ce sont toujours les convaincus qui enclenchent un processus. Les autres arrivent dans une seconde vague. Et à ce stade du projet, ce qui compte, c'est de tenir un premier atelier.

Vous pouvez suivre à la lettre le rétroplanning proposé dans le kit des Repair Cafés, vous appuyer sur les outils de communication qu'il vous a concoctés (communiqués de presse, tracts, affiches) et qu'il suffit d'adapter à chaque projet (lieu, date et horaires, contacts pour informations, types d'objets réparables, etc.).
C'est pratique, malin, ça fait gagner du temps. C'est éprouvé et rassurant. Mais ça ne suffit pas, ça ne fait pas voyager.

PETITE PHILOSOPHIE DU BRICOLAGE

"Le bricoleur, c'est celui qui va au-devant de tous les ennuis, exactement comme le fait Ulysse. Le bricoleur, il ne cherche pas à gagner, il cherche à ruser, à atteindre son but. Il ne cherche pas à triompher, il veut faire un voyage. Mais au final, c'est quoi, son voyage ? C'est le voyage vers lui-même. C'est-à-dire qu'il va accepter d'affronter le dragon de notre civilisation actuelle : l'imprévu.
On refuse tous de combattre l'imprévu. Du coup, on ne fait que répéter ce que l'on connaît déjà et on n'ose plus prendre ces fameux chemins de traverse qui font la dignité de l'homme."

Abdu Gnaba

Dans son kit, la Fondation souligne l'importance de rappeler sur tous les supports de communication la philosophie des Repair Cafés, car le concept est encore méconnu du grand public. Elle rappelle son slogan : "Jeter ? Pas question !" et suggère diverses formulations.
Mais il peut aussi être enrichissant de trouver ses propres mots pour décrire son action. Pourquoi s'être lancé(e) dans cette aventure ? Pourquoi y avoir mis tant d'effort et d'espoir ? C'est peut-être dans ces questionnements que vous deviendrez convaincants. Et si les réponses diffèrent entre les bénévoles engagés dans le projet, ce ne peut être qu'un plus, pas un moins.
Dans la fusion de nos motivations, nous finissons toujours par aller à l'essentiel : ce que nous avons en commun. Et c'est cela qui touchera les autres.
La Fondation incite les membres de son réseau à s'adapter aux particularités locales : usons et abusons de cette sage préconisation.

PETITE PHILOSOPHIE DU BRICOLEUR

“Le bricolage, c’est une façon d’être au monde. Il y a un déclencheur d’urgence : vous devez faire quelque chose. Et vous allez passer par différentes étapes qui, si vous attendez de les résoudre, vont vous rendre fou. Donc vous êtes obligé de changer votre état d’esprit ; de passer du « Je pense donc je suis » (vous n’y arriverez pas si vous pensez) au « Je ressens donc je suis ». Le bricoleur, c’est celui qui vit l’instant, c’est celui qui vit le présent.”

Abdu Gnaba

Les médias, par exemple. Qu’ils travaillent pour l’écrit, la radio ou la télévision, qu’ils soient locaux, nationaux ou municipaux, les journalistes cherchent tous la même chose : qu’on leur raconte des histoires. C’est votre histoire qui les intéressera, celle du passage à l’acte de chacun d’entre vous, et comment ces désirs se sont rencontrés, pour créer quelque chose d’unique et d’universel, qui leur raconte votre humanité.

MON OASIS

“Deux mois avant la tenue de notre premier Repair Café, à Valbonne (Alpes-Maritimes) en juin 2013, j’ai collé des affiches et distribué des flyers. Je croisais des gens enthousiastes : « Formidable, quelle bonne idée ! » D’autres étaient intrigués : « Qu’est-ce que c’est que ce truc ? » Pour chacun, je trouvais des arguments. À ceux qui se préoccupaient de la planète : « Vous qui êtes sensible à la question des déchets, passez aux travaux pratiques en venant à notre Repair Café. » Et à ceux qui se souciaient avant tout de leur portefeuille : « Savez-vous que (normalement) la batterie de votre téléphone portable est démontable ? Faites des économies, changez-la au lieu de jeter le tout à la poubelle et de racheter neuf. » Ah ça, je me suis démené pour faire décoller ce premier Repair Café, mais ce projet est tellement exaltant. On partage la volonté de faire bouger le monde, même de façon modeste, et on s’amuse bien. Aujourd’hui, c’est mon oasis.”

Philippe Caner,
Repair Café de Sophia-Antipolis

Le jour de l'événement approche.

Partout où cela est possible, le public a été informé. Invité à venir accompagné de ses modes d'emploi, télécommandes, blocs secteur et cordons de raccordement, d'un DVD pour son lecteur et d'un CD pour sa chaîne hi-fi – seuls moyens de vérifier qu'ils fonctionnent après réparation. Mais sans son frigidaire, lave-vaisselle ou lave-linge, trop encombrants.

Appareil photo chargé, prêt à immortaliser cette journée.
Chacun est à son poste.
Merci aux partenaires.
Entrée libre et gratuite.

TENIR BON

Il faut prendre tout cela comme un jeu. Si ça ne marche pas la première fois, vous ne serez pas seuls : tout le groupe sera là, et vous noierez ensemble (au comptoir déserté de votre Café ?) votre déception. Sans compter vos amis, les vrais, qui seront là aussi. Tant bien que mal, vous remballerez votre décor inhabité, trimballerez tout votre matériel, et recommencerez. Et puis, un jour, ça marchera. Parce que chaque personne qui osera franchir la porte de votre atelier en saisira le sens et l'utilité, en parlera à d'autres, qui viendront à leur tour.

C'était comme ça, à Rambouillet. Leur premier Répare Café : un flop. L'info était pourtant passée par les réseaux de chaque association impliquée et par la presse locale.

C'est avec le temps que l'habitude s'est imposée. En allant s'installer dans des lieux connus de la population. Et grâce à une liste de courriels des visiteurs qui s'est étoffée à chaque atelier, propageant peu à peu l'information à de nouveaux réseaux.
Car là-dessus (contrairement aux additions), l'équipe du Répare Café est hyperréactive : que vous mettiez les pieds une fois dans quelque manifestation que ce soit, organisée par l'une ou l'autre des associations impliquées – ou une association amie – et vous recevrez, plusieurs fois par semaine, la liste de leurs rendez-vous à venir. Elle force le respect et incite à l'action : ils auront à l'usure les plus résistants.

Nos découragements naissent de notre impatience, un autre mal de notre époque. Puisque nous avons la chance, dans cet atelier, de côtoyer des bricoleurs, prenons le temps de les regarder : ils ont beaucoup à nous apprendre.

COMBATIVITÉ

"Aujourd'hui, les industriels créent du jetable. Une fois, j'ai dû me battre pour accéder au moteur d'un mixeur de cuisine : toutes les pièces étaient soudées. Il n'y avait aucune vis."
Cela ne l'a pas arrêté. Bien au contraire.

Jean-Claude Martin, Repair Café de Vauréal

Trop peu de visiteurs ? Pas grave, ça viendra.
Des pièces sournoisement soudées ? Pas grave, on finit toujours par trouver un passage.
Besoin d'une pièce détachée ? Pas grave, le visiteur se la procurera et reviendra la faire poser au prochain atelier.
Et si le bricoleur ne parvient pas à réparer l'objet ? Pas grave...
Il explique l'origine de la panne et oriente la personne vers un réparateur professionnel : une exploration préalable des spécialistes locaux est non seulement indispensable pour ne pas leur faire de l'ombre mais aussi très utile dans ces situations.
Et ça marche dans les deux sens : pour le petit électroménager "économiquement irréparable", les professionnels pourront adresser leurs clients aux bénévoles des cafés de la bricole.

Si l'objet n'est pas réparable, c'est vers le circuit de la récupération que le visiteur sera aiguillé : un chantier d'insertion qui recycle des ordinateurs, une recyclerie, un particulier ou une association créant des œuvres d'art à partir de matériaux de récup.
Les ateliers de réparation jouent le rôle de "gares de triage". Ils informent, orientent, échangent, transmettent.

TRANSMETTRE

Devant sa machine à coudre, une jeune femme aiguille un visiteur qui tente d'aligner une rangée de points. Mais il a beau en découdre, tout file de travers !

"Ce qui me motive, c'est de transmettre mon expérience, comme à ce monsieur qui s'intéresse vraiment à la couture. Il vient pour la troisième fois : il veut apprendre à repriser ses tenues de sport."

Une bénévole du Repair Café de Paris

Une petite baisse de moral ? Marre de porter des chaises, des tables, des tréteaux ? De ne pas être aidés, compris, écoutés par les autorités ?
Arrêtez-vous un instant et regardez : c'est beau, ce que vous avez fait.

UN TREMPLIN

“La société renvoie aux chômeurs l’idée qu’ils ne valent plus un clou. Le Repair Café peut les aider à reprendre confiance en eux. Je me souviens d’une amie, ancienne secrétaire de direction, qui s’est retrouvée au chômage à 54 ans. Après être venue régulièrement avec sa machine à coudre en tant que bénévole, elle s’est installée comme couturière indépendante.”

Philippe Caner,
Repair Café de Sophia-Antipolis

C’est cette ambiance, ces rencontres qui donnent de la valeur à ces rendez-vous et aux objets qu’on y a réparés. C’est cela qu’il faut cultiver, pour durer. Pas de recette miracle : juste un peu de clarté. Cette opportunité que vous avez créée est une porte ouverte, elle laisse le soleil passer.
Livre d’or, dont on peut lire et relire les mots doux qui donneront à tous du cœur à l’ouvrage. Boîte à mercis, dont les piécettes tintinnabulantes permettront de tenir. Photos des moments partagés, poids total des objets réparés qui convaincront un jour le bricoleur qui vous manque encore, le partenaire qui pourrait vous fournir un peu de matériel, le pourvoyeur d’une subvention, le propriétaire d’un local.

RÉFUGIÉS, *WELCOME !*

Dia, un Syrien de 37 ans, gérant d’une usine textile à Alep, a passé un après-midi au Repair Café de Groningue aux Pays-Bas avec sept autres réfugiés. Le temps de raccommoder un pull ou de réparer une machine à expresso. Et de partager des moments de vie.

En Europe, plusieurs organisateurs de Repair Cafés sont entrés en contact avec des réfugiés hébergés dans des centres d’accueil. Leur souhait : les inviter à participer à un atelier pour lutter contre l’isolement et le désœuvrement dont ils souffrent, eux qui n’ont pas le droit de travailler, et leur permettre de tisser des liens avec les habitants.

Au commencement, une belle idée et une poignée de bénévoles. À l'arrivée, des milliers d'ateliers, des tonnes d'émission de CO_2 évitées et une infinité d'histoires à raconter.

ÉMOTIONS PARTAGÉES

"Un jour que nous tenions le Répare Café dans le local du GEM La Tortue qui trotte, nous n'avons pas réussi à réparer l'ordinateur d'une jeune habituée. Elle en avait besoin pour son travail, elle était désemparée. Peu après, nous lui en avons trouvé un, dont quelqu'un nous a fait don. Elle en avait les larmes aux yeux."

Alain Poulet, Répare Café de Rambouillet

"À Pasadena, il y a un Répare Café.
On peut y apporter des objets cassés à une condition : rester avec le bricoleur le temps de la réparation et lui raconter des moments de sa vie.
Alors, que répare-t-on dans un Répare Café ?"

Rob Hopkins[9]

9. Quinzaine des possibles, Rambouillet, 2016.

ET APRÈS

C'est fou comme les enjeux de la planète finissent toujours par rejoindre les problématiques humaines. Et comme leurs solutions se fondent en un destin commun. À croire que nous faisons partie de cette Terre et que la préserver, c'est nous protéger et nous rappeler à notre humanité.
Alors, parlons-en, de ces problématiques. N'ayons pas peur de regarder en face la réalité : nous savons maintenant qu'il y a des solutions. Profitons de ce lieu que nous avons créé pour informer, éveiller les consciences qui n'attendent que cela.
Et voyons où cela pourrait nous mener, ensemble.

Au Repair Café de Paris, une petite bibliothèque a été aménagée dans l'espace d'attente. On y feuillette des ouvrages sur le bricolage*, un sujet un peu plus large que "comment occuper ses week-ends d'ennui", vous l'avez compris. Et des livres sur la thématique des déchets*. On y trouve, bien sûr, les ouvrages diffusés par l'association Zero Waste*, qui a aussi mis en ligne un centre de ressources documentaires sur son site Internet.

Dans certains ateliers, les bénévoles se retrouvent de temps en temps pour des soirées lecture, au cours desquelles ils échangent leurs points de vue sur, par exemple, l'égérie du zéro déchet, Béa Johnson* – cette Franco-Américaine qui dit avoir réalisé 40 % d'économies grâce à la réduction du contenu de sa poubelle à moins d'un litre par an.

D'autres, dans le cadre de leur atelier ou à l'intention d'un public plus large, organisent des débats autour de la projection de documentaires percutants*. Comme ceux de l'Allemande Cosima Dannoritzer* qui dénonce la mort programmée de nos biens de consommation et enquête sur le trafic international des déchets électriques et électroniques.

Chaque Français jette 16 à 20 kilos d'équipements électriques ou électroniques par an[10].

10. ADEME, *Réduire ses déchets et bien les jeter*, juillet 2016, www.ademe.fr/sites/default/files/assets/documents/guide-pratique-reduire-ses-dechets-et-bien-les-jeter.pdf.

La multiplication des manifestations publiques autour de ces enjeux offre chaque année plus d'occasions de faire passer des messages : Semaine européenne du développement durable, Semaine européenne de la réduction des déchets*, Conférences des parties sur le climat (COP). Même les Repair Cafés ont leur Semaine internationale*.
Autant d'accroches d'actualité qui permettent de toucher les médias et le grand public. Ce qui devient urgent, si l'on regarde les chiffres induits par la consommation de masse.

Toucher les personnes déjà sensibilisées au changement est aussi important. Car on s'engage toujours dans la transition par une porte, qui nous amène à d'autres prises de conscience et d'autres passages à l'acte. On peut envisager une présence lors du passage d'Alternatiba*, ce village nomade au slogan inspirant : "Changeons le système, pas le climat." Ou monter un atelier couture à l'occasion du Fashion Revolution Day*.
Le 24 avril est la journée de commémoration de l'effondrement de l'usine textile du Rana Plaza, au Bangladesh, qui a fait en 2013 plus de 1 100 morts et près de 2 000 blessés – des victimes qui ne travaillaient pas dans des conditions décentes. C'est l'occasion de militer pour une consommation éthique, en refusant de collaborer par nos achats au moins-disant social.

Mais, souvent, c'est au sein même de l'atelier que se vivent les prises de conscience les plus durables : en faisant.

DEVENIR RÉPAR'ACTEUR ?

"J'ai pu apprendre en observant et en mettant les mains dans le cambouis. C'est ça qui est super ! J'ai découvert le cœur de mon presse-vapeur. Toute une culture que je n'avais pas. Maintenant que j'ai acquis des notions, qui sait ? Petit à petit, je pourrai un jour bricoler moi aussi, au lieu de mettre mes affaires à la poubelle."

Anne Kattie,
visiteuse au Repair Café de Vauréal

Ces ateliers sont le lieu idéal pour la diffusion de conseils pratiques, applicables sans difficulté par les visiteurs dès qu'ils seront rentrés chez eux. La prévention des pannes*, par exemple, qui passe par des choses simples comme détartrer sa cafetière avec du vinaigre blanc, éviter de secouer son ordinateur portable lorsqu'on le transporte, ne pas surcharger sa machine à laver.
Ou les "écogestes" qui permettent d'alléger nos poubelles en compostant ses déchets organiques, en privilégiant les aliments en vrac, sans emballages et les écorecharges, en offrant des cadeaux dématérialisés, en luttant contre le gaspillage alimentaire*, en choisissant des produits réparables et durables* ou encore en achetant des objets d'occasion.

PIÈCES DÉTACHÉES : ON PROGRESSE

La loi du 18 mars 2014, qui modifie l'article L.111-4 du Code de la consommation, impose désormais que soit précisée noir sur blanc, au moment de la vente d'un bien, la durée de disponibilité de ses pièces détachées. De quoi éclairer nos choix et nous propulser, sans trop d'efforts, au rang de consom'acteurs.

Les enfants sont sensibles à toutes ces questions. Les en nourrir est essentiel si l'on veut leur construire un futur. Avec eux, cela passe beaucoup par le jeu, par le "faire", par la main. Construire un tambour avec une boîte de conserve et une radiographie ; fabriquer une poupée qui ne ressemble à aucune autre avec de vieux chiffons.

LE POUVOIR DE LA MAIN

"On a délaissé, on a dénigré tout ce qui se faisait par la main. Or les bébés cartographient leur corps et développent leur cerveau grâce à la main : on commence à penser par ses mains. Bricoler, c'est un gage de bonheur parce que l'homme, quand il bricole, redevient fondamentalement ce qu'il est."

Abdu Gnaba

Et les enfants sont un excellent vecteur familial : s'ils ont envie de venir, les parents leur emboîteront volontiers le pas.
Profitons du fait que le développement durable est inscrit aux programmes de l'Éducation nationale pour nouer des partenariats avec des professeurs d'histoire-géo ou de SVT, et mener avec eux des ateliers. Les élèves pourraient y apprendre, concrètement, que nos déchets sont nos nouvelles richesses.

À L'ÉCOLE

Collège Romain-Rolland, Ivry-sur-Seine (Val-de-Marne), mai 2016 : les élèves d'une classe de cinquième dissèquent des téléphones portables.
Ils y découvrent les composants qui leur permettent de tchatter à longueur de journée – circuits électroniques, batterie, vibreur – et le haut-parleur. Ainsi qu'un trésor de pirates : des métaux précieux (or, argent) ou rares (lithium). Et des métaux de base (cuivre, métaux ferreux). On les alerte aussi sur les minerais dangereux (cadmium, plomb, mercure). Ils ont vu, ils ont compris : un portable, c'est précieux, ça s'entretient et ça se recycle.
Une illustration pratique du programme "Les enjeux du développement durable", chapitre "Des hommes et des ressources", animée par leur prof d'histoire-géo et par Stéphane Gauchon, chargé de mission au Repair Café de Paris.

À force de parler de l'obsolescence programmée, de la surconsommation et de nos poubelles qui débordent, les bénévoles du Répare Café de Rambouillet ont fini par vouloir créer une ressourcerie : un lieu fixe, où ils pourraient stocker tout le matériel que leurs visiteurs leur déposaient, un espace bien à eux, où ils pourraient se retrouver (pour agiter de nouvelles idées), une boutique associative où ils vendraient à tout petit prix des meubles, des bouilloires, des mixeurs, un peu fatigués mais toujours vaillants, après leur passage entre les mains d'un bricoleur (qu'ils souhaitent salarier, ce qui permettrait donc de créer un emploi).

Et ils y sont arrivés. Les statuts de l'association ont été déposés en août 2016. Moins d'un an plus tard, à la veille de l'ouverture du local, on dénombrait 50 bénévoles, 119 adhérents, plus de 500 sympathisants. Au départ, ils étaient 10 à en rêver. Son nom : Ressources & Vous.

LE JOUR DE L'OUVERTURE

Il y a foule. D'objets, de livres, de meubles et de vêtements, gaiement dépareillés. Et de gens, différents. "Y compris des personnes que je ne m'attendais pas à voir ici", se réjouit Jean-Claude Husson, le maire de Saint-Arnoult-en-Yvelines, commune de 6 100 habitants située à 11 kilomètres de Rambouillet, qui a mis à la disposition de la ressourcerie les 200 mètres carrés d'un conservatoire désaffecté.

"Tout a commencé par l'envoi d'un courrier aux trente-six maires de la communauté de communes de Rambouillet, expliquant l'objectif de notre projet et la nécessité absolue de trouver un local à prix modique, voire gratuit, pour démarrer l'activité, raconte Marie Fuks, une bénévole. Quatre nous ont répondu, négativement. Jean-Claude Husson est le seul à avoir accepté de nous rencontrer."

Abandonné depuis des années, transformé en hangar, le local sent aujourd'hui la peinture fraîche et l'huile de coude : "On a tout fait nous-mêmes, s'amuse Isabelle Guérin. Et on a trouvé plein de choses : c'est un peu de l'histoire de Saint-Arnoult qui dormait là."

Elle nous fait visiter, n'en revenant pas de l'affluence : "Ici, on installera l'atelier, on espère bientôt pouvoir embaucher. Et là, au fond, ce sera le café associatif : beaucoup de gens l'ont demandé." Au bout d'un petit couloir, une porte ouvre sur un jardin. "On a lancé le potager partagé. Et là, on mettra le compost."

Une fourche à la main, Nicolas raconte : "Au début, j'ai suivi parce que je le sentais bien, ce projet. Mais c'est seulement aujourd'hui que je réalise tout ce qu'on va pouvoir faire. Je leur tire mon chapeau, à eux, qui se sont lancés : ce sont des visionnaires."

"L'idée, tu vois, c'est que les gens s'approprient ce lieu", ponctue Isabelle.

On voit.

UN MAIRE QUI DIT OUI. POURQUOI ?

“C’est d’abord une rencontre, explique Jean-Claude Husson. Quand je suis face à des gens volontaires, dynamiques, déterminés, c’est une source de motivation pour moi. Ils savaient exactement ce qu’ils voulaient. Dans ce cas, je considère que la commune est là pour les aider. Pas faire à leur place mais faciliter leur tâche.”
La ressourcerie répondait aux préoccupations de Saint-Arnoult : “Ne plus jeter, c’est une question que nous nous posons. Et elle est largement sous-estimée. On ne peut plus attendre, j’en suis convaincu.”
S’est alors engagé un dialogue, entre le maire et l’association : “Ils regardent tous les aspects de leur activité et j’ai adoré ça.”
La dynamisation d’un centre-ville soumis à de fortes pressions, entre deux agglomérations plus grandes (Dourdan et Rambouillet) : “Une activité qui s’installe, c’est aussi de nouvelles personnes qui viennent et découvrent nos commerces.”
Le bio, le consommer local, l’école : “Depuis deux ans, je dis aux enseignants que je ne souhaite plus financer des séjours à la mer ou à la montagne. Notre environnement, c’est la forêt, nous pourrions la découvrir. Je préfère payer des activités qui ont du sens plutôt que de payer des bus.”
Ressources & Vous* s’est portée volontaire pour sensibiliser les scolaires et monter des projets avec le Club des 15-20, les associer à leurs actions et au Répare Café.
“Pour notre opération poésie (on met de la poésie dans toute la ville), la ressourcerie nous fournira du matériel et du mobilier : ils s’identifient déjà aux projets de la commune.”
Et pour la monnaie locale, en cours de montage : “Ils se sont tout de suite proposés comme comptoir de change.”

Et le maire conclut : “Cette association et la commune, on a la même démarche : on ne se pose pas de questions. On pose le problème et on cherche des solutions. On avance.”

Elle est bien belle, cette Ressources & Vous. Et l'on y voit fleurir, entre les travées, des chimères d'objets, conçues de nos déchets. Des œuvres "couteau suisse", à multiples facettes, comme tous ces bénévoles de tous ces ateliers, qui – quoi que puissent penser ceux qui ne répondent pas à leurs courriers – aiment la vie, les calembours et le second degré.

POUR EN SAVOIR PLUS

FILMOGRAPHIE

Fatih Akin, *Polluting Paradise*, Corazón International-NDR, 2012.
Candida Brady, *Trashed*, Blenheim Films-Rose Pictures, 2012.
Cosima Dannoritzer, *Prêt à jeter*, Article Z-Media 3.14-Arte France, 2010.
–, *La Tragédie électronique*, Yuzu Productions-Media 3.14, 2014.
Donatien Lemaître, *Ma vie zéro déchet*, France Télévision-Docside, 2015.
Martin Meissonnier et Pascal Signolet, *Poubelle la vie*, Campagne Première-France 3-RTBF, 2010.
Lucy Walker et João Jardim, *Waste Land*, Almega Projects-O2 Filmes, 2010.

OUVRAGES INSPIRANTS

Serge Latouche, *Bon pour la casse. Les déraisons de l'obsolescence programmée*, Les Liens qui libèrent, 2012.

SUR LE ZÉRO DÉCHET

Béa Johnson, *Zéro déchet*, trad. Laure Motet, Les Arènes, 2013.
Jérémie Pichon et Bénédicte Moret, *Famille presque zéro déchet. Ze guide*, Thierry Souccar, 2016.

SUR LE BRICOLAGE…

L'Essentiel du bricolage, sous la dir. de Nicolas Sallavuard, Fleurus, 2014.
Gene Hamilton et Katie Hamilton, *Le Bricolage pour les nuls*, adaptation française de Frank Lecor, First et First Interactive, 2011.

… ET LES BRICOLEURS

Abdu Gnaba, *Bricole-moi un mouton. Le voyage d'un anthropologue au pays des bricoleurs*, L'Harmattan, Paris, 2016.
Ali Rebeihi, “Petit éloge du bricolage”, *Grand bien vous fasse !*, France Inter, 18 mai 2017 : www.franceinter.fr/emissions/grand-bien-vous-fasse/grand-bien-vous-fasse-18-mai-2017.

CARNET D'ADRESSES

Le réseau des Repair Cafés

Le site de la Fondation en version française : https://repaircafe.org/fr.
Trouver un Repair Café près de chez soi : https://repaircafe.org/fr/visiter/.
Commander le kit : https://repaircafe.org/fr/demarrer/.

Réduire ses déchets

Une famille ayant fait l'expérience de ne rien jeter : www.famillezerodechet.com.
Une association de protection de l'environnement : www.zerowastefrance.org/fr.
L'association Centre national d'information sur les déchets : www.cniid.fr.
La campagne de l'ADEME (Agence de l'environnement et de la maîtrise de l'énergie) contre le gâchis alimentaire : www.casuffitlegachis.fr.

Entretenir ses objets

Un lien avec les fabricants et un accès aux notices d'utilisation : www.apreslachat.com.
Le guide du Groupement interprofessionnel d'appareils d'équipement ménager : www.choixresponsable.fr/flipbook/Gifam/#/1/zoomed.
Les recommandations d'usage : www.guidetopten.fr.
L'entretien de sa machine à laver : lave-linge.quechoisir.org/entretenir/entretien/bonnes-pratiques/.

Réparer ses objets

Un forum d'entraide pour la réparation : www.commentreparer.com.
Un comparateur de réparateurs professionnels : https://oureparer.com.

S'associer à un événement

La Semaine européenne du développement durable : www.developpement-durable.gouv.fr/-La-semaine-europeenne-du-.html.
La Semaine européenne de la réduction des déchets : www.serd.ademe.fr.
La Semaine internationale du Repair Café : epaircafe.org/fr/semaine-internationale-du-repair-cafe.
Le Fashion Revolution Day : fashionrevolution.org.
Le site d'Alternatiba : www.alternatiba.eu.

MERCI À

Un merci à Martine Postma, créatrice inspirée et inspirante. Et à toute la Fondation Repair Café.
Un merci (en lettres d'or !) à Stéphane Gauchon, chargé de mission au Repair Café de Paris et à toute l'équipe de Rambouillet.
Des mercis à tous les bénévoles des Repair et Répare Cafés, qu'ils soient en col blanc ou en bleu de travail.
Des mercis à tous les visiteurs croisés dans ces fabuleux ateliers de réparation coopératifs.

"JE PASSE À L'ACTE", COÉDITION ACTES SUD | KAIZEN

ACTES SUD

Partout dans le monde, des hommes et des femmes s'organisent autour d'initiatives originales et innovantes dans le but d'initier un véritable mouvement de transformation des sociétés.
La collection "Domaine du possible" a pour vocation d'apporter un éclairage sur ces réalisations et de construire un pont entre la pensée critique et l'action. La collection "Je passe à l'acte" s'inscrit dans cette continuité.

kaizen, le premier magazine alternatif 100 % positif

Tous les deux mois, *Kaizen* donne à voir des projets pérennes et reproductibles qui participent à la réinvention des différents piliers de la société (agriculture, énergie, habitat, économie, éducation...). La philosophie du "changement" *(kai)* "bon" *(zen)* est celle des petits pas ; ces petits pas qui amènent à de grandes transformations et offrent de véritables raisons de croire en l'avenir.

DANS LA MÊME COLLECTION

CHOISIR DE RALENTIR
Nelly Pons, illustrations de Pome Bernos, 2017

DÉBUTER SON POTAGER EN PERMACULTURE
Nelly Pons, illustrations de Pome Bernos, 2017

FAIRE LA FÊTE SANS DÉTRUIRE LA PLANÈTE
Emmanuelle Vibert, illustrations de Le Cil Vert, 2017

MANGER MOINS (ET MIEUX) DE VIANDE
Gilles Daveau, illustrations d'Étienne Friess, 2017

MÉDITER PUIS AGIR
Youki Vattier, illustrations de Lisa Zordan, 2017

MOINS D'AUTO POUR ALLER AU BOULOT
Corentin Le Martelot, illustrations de Younn Locard, 2017

MONTESSORI À LA MAISON – 0-3 ANS
Nathalie Petit, illustrations de Virginie Maillard, 2017

RÉNOVER UNE VIEILLE BÂTISSE
Agnès Galletier, illustrations de Pome Bernos, 2017

S'ENGAGER DANS UNE AMAP
Françoise Vernet et Marie-Noëlle Himbert, illustrations de Cécilia Pepper, 2017

Ouvrage réalisé par l'atelier graphique Actes Sud.
Achevé d'imprimer en août 2017 par Printer Portuguesa (Portugal), sur papier fabriqué à partir de fibres issues d'une sylviculture responsable, pour le compte des éditions Actes Sud, Le Méjan, place Nina-Berberova, 13200 Arles.

Dépôt légal 1re édition : septembre 2017